féeli tou

QUAND FÉELI TOUT ÉTAIT À LA MATERNELLE

Catalogage avant publication de Bibliothèque et Archives nationales du Québec et Bibliothèque et Archives Canada

Titre: Quand Féeli Tout était à la maternelle / Cindy Roy ; illustrations, Émilie Ruiz.
Noms: Roy, Cindy, 1975- auteur. | Ruiz, Émilie, 1986- illustrateur.
Collections: Féeli tout.
Description: Mention de collection: Féeli Tout
Identifiants: Canadiana 20210068787 | ISBN 9782897096625
Classification: LCC PS8635.O8985 Q36 2022 | CDD jC843/.6—dc23

Dépôt légal – Bibliothèque et Archives Canada, 1er trimestre 2022
Imprimé au Canada

Gouvernement du Québec – Programme de crédit d'impôt pour l'édition de livres – Gestion SODEC

Boomerang éditeur jeunesse remercie la SODEC pour l'aide accordée à son programme éditorial.

Financé par le gouvernement du Canada | Canada

boomerang

www.boomerangjeunesse.com

Dans le marais de Féeli Tout, la nature s'amuse. Les arbres jouent à cache-cache avec les fleurs. La rivière Chocolat danse dans son lit. C'est le jour de la rentrée.

Au pied du petit chêne, Féeli Tout a étalé tous ses livres préférés. Chaque matin, elle en choisit un qu'elle va regarder, entourée des oisillons du marais. Pendant qu'elle discute de son choix avec Rouge-à-lit, Grand-Mère se dirige vers elle, une boîte à goûter entre les mains.

- Tiens, ma belle Féeli! J'y ai placé plein de bons aliments, dit Grand-Mère.

Féeli Tout lève la tête.

- Mais Grand-Mère, je viens juste de manger mes céréales! Pourquoi est-ce que tu m'apportes mon dîner? demande-t-elle, confuse.

- C'est pour ce midi. C'est ton premier jour de maternelle, tu as oublié?

- C'EST AUJOURD'HUI?!

Féeli Tout a fêté son anniversaire pendant l'été. Elle a eu cinq ans. Depuis qu'elle est toute petite, elle a très hâte d'aller à l'école; mais maintenant que le grand jour est arrivé, elle se sent un peu bousculée.

Surtout que pendant la saison chaude, Féeli Tout a eu tellement de plaisir dans le marais qu'elle a oublié de compter les dodos avant la rentrée scolaire.

Agitée, Féeli Tout tente de trouver des excuses pour retarder son départ vers l'école.

- Mais... mais... mes livres! dit-elle en pointant le fouillis sur le sol. Je ne peux pas aller à l'école avant de les avoir TOUS ramassés!

Grand-Mère sourit.

- Pour cette fois, je m'en occuperai, dit-elle en offrant sa main à la petite.

Féeli Tout continue.

- Et Rouge-à-lit? Et ses amis les oiseaux? Qui va tourner les pages du livre pour qu'ils puissent le regarder? demande-t-elle.
- Tes petits amis à plumes attendront ton retour de l'école pour bouquiner, dit Grand-Mère en lui souriant tendrement.

Féeli Tout prend une grande respiration et glisse sa main dans celle de Grand-Mère.

Dans la cour de l'école, Féeli Tout reconnaît quelques amis du marais. Elle se sent déjà un peu mieux.

Grand-Mère l'accompagne jusqu'à la porte et pose un bisou sur sa joue.

- Bonne journée, ma belle Féeli! Je suis certaine que tu vas bien t'amuser à la maternelle, dit-elle en lui envoyant la main.

Féeli Tout entre dans sa classe, accompagnée des jumelles ratonnes. Ensemble, elles font le tour des différents espaces de jeu. Féeli Tout a déjà hâte d'aller fouiner dans le coin lecture!

Au centre de rassemblement, Monsieur Félix présente aux amis l'horaire des activités de la journée. Une petite étoile est déplacée sur l'horaire chaque fois qu'une activité est terminée, ce qui rassure Féeli Tout.

- Quand l'étoile sera devant l'image de l'autobus, Grand-Mère va venir me chercher! chuchote-t-elle à sa voisine.

À l'heure des jeux libres, Féeli Tout a la tâche de distribuer les clés aux amis. Comme elle ne peut pas encore lire tous les prénoms, elle regarde les photos. Ainsi, chaque ami reçoit la bonne clé.

Une fois sa tâche terminée, excitée, Féeli Tout se rend dans le coin lecture. Sauf que toutes les places sont prises...

- Mais je voulais regarder les livres, moi, dit-elle d'une toute petite voix.

Déçue, Féeli Tout retourne s'asseoir au centre de rassemblement.

- Qu'est-ce qui se passe? lui demande Monsieur Félix.
  Tu n'as pas envie de jouer?

Féeli Tout soupire.

- Le coin lecture est plein, répond-elle.
- Hum, je comprends. Tu voulais bouquiner, c'est ça? demande-t-il.

Féeli Tout fait un petit oui de la tête.

Monsieur Félix prend le temps d'expliquer à Féeli Tout que chaque période de jeux libres est une occasion pour elle d'aller explorer un nouveau coin de la classe.

- Et je suis certain que tu vas découvrir d'autres activités qui feront pétiller ton cœur, ajoute-t-il.

Féeli Tout regarde autour d'elle et sourit.

- J'ai une idée! dit-elle en se relevant.

Féeli Tout s'installe à la table de bricolage.
- Qu'est-ce que tu vas faire? lui demande une des jumelles.
- Des petits livres pour mettre partout dans la classe! répond fièrement Féeli Tout. Comme ça, il y aura TOUJOURS des livres quand on ira jouer dans les autres coins!
- Oh! Moi aussi, je vais en fabriquer ! dit la petite ratonne.

À la fin de la période de jeux libres, Féeli Tout prend le temps d'admirer les petits livres qui sont maintenant installés ici et là. Dans le coin des grandes constructions, ses nouveaux amis ont même fabriqué une librairie avec les blocs de bois. Féeli Tout sourit.

- J'aime ma classe de maternelle!

Sur la route du retour, Grand-Mère demande à Féeli Tout de lui raconter son moment préféré de la journée.

- Il y en a TROP! dit-elle en sautillant. J'ai aimé donner les clés, manger ma collation avec mes nouveaux amis, fabriquer des livres et même apprendre un nouveau jeu de ballon!

Grand-Mère s'arrête
pour lui faire un câlin.
- C'est le début d'une
belle aventure pour
toi, ma Féeli!
dit-elle en déposant
un bisou sur sa tête.
Maintenant, viens!
Tes petits amis à
plumes ont hâte
de te voir!

À son arrivée près du petit chêne, une surprise attend Féeli Tout.

- Grand-Mère! Qui a rangé mes livres dans la maison de la famille Écureuil? demande-t-elle.
- C'est moi! Regarde, Papa Écureuil t'a laissé un petit mot, dit Grand-Mère.

Féeli Tout s'empare du bout de papier. Même si elle ne sait pas encore lire tous les mots, elle sait lire les images. Féeli Tout enlace le petit chêne et lui chuchote doucement :

- Merci de garder mes livres au chaud. Tous les jours, je vais m'asseoir dans ton ombre pour les regarder. Et très bientôt, je pourrai les lire TOUTE seule!

Conseils de Féeli Tout pour une première journée tout en douceur

• D'abord, souris! C'est TON premier jour d'école. Je suis fière de toi!

• Tu peux inviter un ami à jouer avec toi, même si tu ne le connais pas. N'oublie pas que tout est nouveau pour lui aussi.

• Ne t'inquiète surtout pas si tu ne sais pas tout faire dès le premier jour: à la maternelle, chacun apprend à son rythme.

• Dans ta classe, tu vas certainement reconnaître quelques jeux. Mais sois curieux! Ose en découvrir de nouveaux!

• Souviens-toi: à la maternelle, tu vas apprendre à jouer, et surtout, jouer pour apprendre.